Leo Cavana, Jahrgang 1954, ist als Autor, Fotograf und Grafik-Designer tätig. Seit Anfang der 1980er Jahre liegt sein Hauptaugenmerk beim Schreiben auf der Lyrik. Er veröffentlicht seine Bücher als überzeugter Selfpublisher, um so frei in seinen Entscheidungen und auch frei von möglicherweise auftretenden Verlagszwängen zu bleiben. Auf diese Art und Weise erhält er sich am einfachsten das Vergnügen und den tagtäglichen Spaß am Schreiben aufrecht. Natürlich auch mit der Hoffnung, dass nach jeder Veröffentlichung auch andere daran Freude haben werden.

LEO CAVANA

Bruch-stücke

Dreizeiler – erste Gedanken!

Bibliografische Information der Deutschen Nationalbibliothek: Die Deutsche Nationalbibliothek verzeichnet diese Publikation in der Deutschen Nationalbibliografie; detaillierte bibliografische Daten sind im Internet über http://dnb.dnb.de abrufbar.

Herstellung und Verlag: BoD – Books on Demand, Norderstedt – www.bod.de

ISBN: 978-3-7583-7199-8

INHALT

Dreizeiler – erste Gedanken!

Also genau das, was einem zuerst bei bestimmten Beobachtungen, beim Lesen, Hören oder durch das aktuelle Zeitgeschehen in den Kopf kommt. Der erste spontane Gedanke zu einer gerade zuvor erlebten Situation, auch im ganz normalen täglichen Leben. Ein Gedankensplitter, noch völlig unreif, der sich aber lohnt, dass man sich mit ihm intensiver auseinandersetzt, um ihn so auch erfolgreich zu Ende zu denken.

Oft nur ein paar Wörter oder in Form eines kleinen kurzen, noch nicht klaren Satzes. So unerwartet, wie diese Gedanken gekommen sind, wurden sie von mir auch aufgeschrieben. Direkt, ungefiltert, unübersetzt! In keiner erkennbaren Reihenfolge oder für das vorliegende Buch in entsprechende Themenbereiche geordnet. Bei ihrer Wiedergabe habe ich auch auf jegliche Interpunktion verzichtet, um die Sinnkonstruktion der folgenden Dreizeiler für alle Leserinnen und Leser zur freien, eigenen Interpretation zu ermöglichen. Und der rhetorische Aspekt spielt erst nach dem Zuendedenken eine Rolle.

Viel Spaß beim eigenen Weiterdenken!

Leo Cavana, im März 2024

Bruchstücke

Dreizeiler – erste Gedanken!

lautlose Zeit
als kostbares Gut
für eine lebenslange Begleitung

vollständiger Satz
Kommunikation
Liebe zur Sprache

in Tränen
stecken oft Lügen
bitterer Täuschungsversuch

gefangene Noten
vom Blatt in die Freiheit
fertige Klangerlebnisse

am Ende
keine Fragen mehr
es bleibt alles offen

Altersfurcht
keine Akzeptanz
negatives Miteinander

weiße Kittel
zögerndes Aufwachen
es ist noch einmal gut gegangen

mit einem frischen Geist
lebendig und frei
alles Schöne bewundern

verdichtete Zeit
Nachrichten von überall
Fake oder nicht

leere Blicke
durchdringen gläserne Körper
Gefühle im Bach der Tränen

gefühlt kein guter Morgen
völlig fehlgeschlagen
nur Wiederhinlegen macht da Sinn

in Weiß getränkte Berge
kein Rauschen des Bachs
vom Eis zum Schweigen gebracht

die Blüte immer schützen
Verzicht auf zu viel Drumherum
nur so entsteht die Frucht

die Augen verraten es nicht
Tränen laufen heraus
ist es Freude oder Leid

die Macht der Industrie
die Natur hat mehr Power
wir merken es immer öfter

Langzeitehe und Scheidung
keine Puste mehr
fehlende Liebe zum Durchhalten

der Verstand setzt aus
Chancen aufs große Geld
geblendet von der Gier

zwischen Gestern und Morgen
können Worte manchmal
auch den richtigen Weg weisen

Wegwerfgesellschaft
Recht auf Reparatur
nach zwei Jahren läuft wieder alles

was zählt ist der Erste
bin ich der große Verlierer
für immer nur Zweiter

versuche das Licht zu sehen
das immer nur die anderen sehen
und du kommst voran

die Tragödie
läuft der Komödie
immer vorne weg

Rhetoriken zur Wiedergutmachung
schlagen sehr oft fehl
bei diesen vorangegangenen Taten

ist das Schöne
für jeden gleich
oder für manche auch hässlich

das Ende der Nacht
des Tages Anfangslast
der Mensch versucht zu stehen

ein negatives Bild
unser gesellschaftliches Klima
rechte Ängste werden geschürt

Auge um Auge
Zahn um Zahn
das führt zu nichts

kann man Menschen
aus ihrer Dauertraurigkeit
irgendwie befreien

sind Tabus auch dafür da
gebrochen zu werden oder immer
bedingungslos unhinterfragt

Spontanität und Engagement
Ziele erreichen
mit dynamischem Handeln

das Hirn einschalten
mit der Waffe
löst man keine Probleme

der Tod hat etwas Erschreckendes
er gehört aber zum Leben
die Trauerfeier sollte heiter sein

die Notwendigkeit
von Spritzen reduzieren und
die Bereitschaft zum Impfen steigt

das Loslassen ist das
Schwierigste im Leben
eine wahre Kunst

Aschermittwoch
Reden auf Minusniveau
ein großer politischer Mülleimer

gibt es wirklich einen
nennenswerten Alltagsmehrwert
durch die Fülle an Apps

absolute Religionsfreiheit für jeden
wirkungsvolles Hilfsmittel
für so manchen Konflikt

es heißt
nur vom Leben
geht einem die Luft aus

Zeitenwende
wenn man heute baut
ist man morgen pleite

manchmal ist man zum großen Wurf
verdammt aber wie soll er gelingen
wenn man im Kleinen schon versagt

Regierung und Opposition
ein immerwährendes Duell
was Gemeinsames hilft da weiter

Objektivität
eine schwierige Sache
entsteht durch subjektive Meinung

dort gegenüber
große Verlockung
bittersüße leise Falle

zerbrochene Seele
unheilbar krank
keine Hilfe in Sicht

verschleierter Morgen
gescheiterter Tag durch
zögernde unklare Argumente

immer diese Fragen
große Unsicherheit
kenn die Antworten nicht

nur die Gegenwart zählt
Hier und Jetzt
nicht der Hoffnung hinterher

die sogenannten Sachverständigen
immer beste Ergebnisse
oder schlummernde Gefahren

die Letzte Generation oder
Generation der Letzten
Genaues weiß man nicht

geruchsblind
ist auch eine Begabung
lieber mal lüften

Waschmaschinen sind nimmersatt
verschlingen Socken
sind die wirklich so wohlschmeckend

ob Callgirl oder Boy
es werden Dienstleistungen verkauft
keine erhofften Träume verwirklicht

am Ende bereuen
wir immer all die Sünden
die wir nicht begangen haben

in Gedanken
oder mit Gedanken
womit lebt es sich besser

schaffe ich den Weg
vom Beruf in die Rente mit
einer Übergangsjacke besser

unter Besatzung leben
ist von Demokratie weit entfernt
das hebt sich gegenseitig auf

die Deutschen
ewig skeptisch
nörgelnd gebremster Fortschritt

irgendwann
gibt es keine Optionen mehr
alle Chancen verspielt

was passiert
wenn der Souverän geht
war dann alles umsonst

wenn der Helikopter zu Hause bleibt
können Eltern manchmal
auch zu Helden werden

man kann sich keine anderen Karten
wünschen also sollte man die
die man hat auch spielen

eine bessere Sprache
schnellere Problembehandlung
menschliche Inkompetenz durch KI

Hilfe ich bin kein Star
holt mich trotzdem hier raus
Befreiung vom Fernsehen

die Liebe muss gelebt werden
eine einfache Aussage darüber
reicht schon lange nicht mehr

Dachterrasse oder
etwas Stuck an der Decke
und es ist ein teures Wohnparadies

aus Protest auf den Baum klettern
da muss man auch wissen
wie man wieder herunter kommt

Möglichkeiten besser nutzen
die Vergangenheit ist schon länger
als die Zukunft

haben wir alle eins
und wie schaut es aus
das Tableau des Lebens

der gepackte Koffer
für den Notfall
steht er schon bereit

ist sich jeder wirklich sicher
wenn er blind hasst
denn das muss man dafür auch sein

endlose Tarifkonflikte
Unfähigkeit Besserwissen
keine Kompromisse

hat das Glück
goldene Türen oder
nur vergoldeten Schein

Gemälde oder jede andere Kunst
es steckt immer mehr dahinter
als nur die einfache Betrachtung

rastloses Streben
unklare Ziele
als Verlust des Wirklichen

große Stille
hinter den Türen
verschlossen für die Wahrheit

nur Stacheldraht
kein Grashalm wächst
herrenloses Niemandsland

getanzte Kommunikation
prickelnde Berührungspunkte
vorsichtige Annäherung

kein Wegsehen
genaues Hinsehen
eine Stimme für andere

die bessere Gesellschaft
der Schein
ersetzt die Wahrheit

gute Musik
Klang für die Ohren
Bewegung für den Körper

nur in der Nähe
muss dich nicht sehen
weiß du bist da

wahre Schönheit
auf ewig Königin
egal in welchem Kleid

moralisch einwandfrei
ethnisch saubere Handlungen
durch soziale Verteidigung

immer zum Jahreswechsel
Vorfreude aufs neue Jahr
alle Probleme bleiben

grenzenlose Gier
kein Interesse am anderen
weit voneinander entfernt

die Begeisterung muss hinaus
voller Glücksmomente
die ganze Welt umarmen

zu frühe Familienplanung
gerade die Vierzig überschritten
mitten im Scherbenhaufen

die Zeit wird knapper
Hügel im Gesicht
die Zuversicht schwindet

per Hand festgehalten
die Seele entlastend
Zeilen der Erleichterung

Frühlingsdüfte überall
erste Knospen springen
Sonne trocknet Morgentau

alt jung oder jung alt stets entscheiden
darüber andere aber man ist so jung
wie man sich fühlt auch mit sechzig oder siebzig

Body-Mass-Index
Currywurst mit Pommes
Turnschuhe in Sichtweite

aus unerschöpflicher Quelle
mal leise mal kraftvoll
des Wassers ewiger Lauf

viele Jahre schon gesehen
immer wieder neues Entstehen
irgendwann auch ohne mich

in bestimmten Situationen
fliegen wohin man will
vogelfrei überall zu jeder Zeit

wissenschaftliche Erkenntnisse
oder große Glücksgefühle
beides ist der absolute Wahnsinn

mit frischem Schwung
im Frühjahr zu neuen Taten
beim Bier auf Altbewehrtes setzen

fallende Blätter
herbstliche Stimmungen
keine schlechte Jahreszeit

der frühe Vogel
des Tages schneller Lauf
was macht er am Nachmittag

eingeladene Gäste
gierig über Speis und Trank
nicht interessiert an einer wirklichen Feier

zunehmende Kriege weltweit
Hass bis in die Nachbarschaft
friedliche Gedanken sind verweht

unerträglicher Lärm
Alltagsdruck aus jeder Ecke
Selbstbestimmung als Fremdwort

Höhen und Tiefen
Wellengang des Lebens
meisterliche Schwimmer

Stehplatz im vollen Zug
ein Ticket für alle
Reisespaß in alle Richtungen

die Kultur der Sprache
gegen den jeweiligen Zeitgeist
muss sie sich immer behaupten

die ganz einfache Realität
verleiht einem Bild Leben
keine künstliche Inszenierung

der Kampf mit sich selbst
mentale Härte
oft mit einem tiefen Fall

künstliche Intelligenz
simuliert menschliches Verhalten
auch die negativen Seiten

der schwere Kopf am Morgen
Alkohol oder nur die schlechte
Gesellschaft am Abend

bevor es Trümmer werden
die Risse im Fundament
beheben anstatt nur zu kitten

zurückgehende Lesefähigkeit
Schuldiger der Fernseher
oder wer hilft da noch mit

heißer Sommer warmer Herbst
der Igel ist länger unterwegs
die Zugvögel fliegen nicht mehr

zu viele Sackgassen
zu viele Verirrungen
der einfache Weg zählt

Smalltalk
viele leere Worthülsen
schade um die Zeit

die echte Angst
einiger Protestwähler
Verlustängste und Überflüssigsein

es sei erlaubt Spaß zu haben
ernste Situationen
zwischendurch auch mal vergessen

Drama Komödie Krimi
manche Dinge
sind schwer einzuordnen

warum in die Ferne schweifen
wenn die Unkenntnis regiert
über das eigene Land

ehemals DDR
auch nach über dreißig Jahren nur
langsame Öffnung der Gesellschaft

Spracherwerb
Lesekompetenz
das digitale Leben als Feind

warum sehen wir beim Käse
immer zuerst die Löcher
was will man uns damit sagen

Ambitionen sind gut
ohne Maß zu ambitiös
führt zum Scheitern

Instrumente für den guten Ton
klassische Erzählungen
musikalischer Geschichten

mit der Sprache
immer im richtigen Wind
ein mögliches Spiel des Lebens

ferner Horizont
immer gleich weit weg
unerfüllte ewige Wünsche

blendendes Licht
falscher Einfluss
zu viele Schritte zurück

wiederkehrende Glücksmomente
vorangegangene Trauer
eine sich befreiende Seele

zwei Menschen
aneinander aufgerieben
miteinander einsam und verlassen

die Gedanken
sie enden scheinbar nie
Gründe gibt es deren viel

mitten im Fluss
auf der Suche nach dem Wasser
keine klaren Gedanken

die Natur
unendlicher Reichtum
der Mensch als Dieb

wie beim Unkraut
auch bei manchen Menschen
die Vorzüge unerkannt

verblassende Liebesträume
reine Pflichterfüllung
bis das der Tod uns scheidet

gegen das Vergessen
Kopfsteinpflaster
keine Wiederholung der Geschichte

der Mond ist blau
der Kirschbaum blüht im Winter
dumme Selbstsicherheit

neueste Nachrichten
in schlafende Häuser
Lohn des Zeitungsboten

ohne Handy
reizvolle Begebenheiten
visuelle Wahrnehmungen

wie Sand am Meer
Wörter aus
fremden Gedankenwelten

walzertanzende Dämonen
laute Schreie kranker Geist
Hilferufe einer zerbrochenen Seele

durch das Leben schleichen
die Fahne im Wind
im Blick nur den eigenen Nutzen

das erste ist auch das letzte Leben
kaum eine Chance zum Korrigieren
kein nachwachsendes Grün

oft ist da nur die visuelle Welt
tausend spannende Augenblicke
ohne jeden Lärm

Wasser im Wasser
kein Problem
nur der Mensch kann untergehen

Finger, Hand und Mensch
passen nicht immer zusammen
falsche moralische Ermahnungen

verändert sich die Umwelt
verändern sich die Dinge
man muss es dann auch anders machen

große Überflieger
werden oft zu Pleitegeiern
spektakuläre Abstürze von Blendern

es ist schwierig mit der Wahrheit
man muss sie ans Licht bringen
von alleine kommt sie nicht

lebendig fühlen
beschwingt sein
immer voller Energie

im Herzen und der Seele
liegt das Glück und
liegen alle Wünsche

nicht die anderen sind schuld
das System ist es auch nicht
selbstbestimmendes Handeln

neue Schritte in der Ortskirche
oder ein falsches Weiterso
mit der katholischen Weltkirche

das Risiko minimieren
mehrere Ziele verfolgen
nicht alles auf ein Pferd setzen

wenn nichts mehr weitergeht
wie lang müssen es Ärzte versuchen
oder reicht es auch mal früher

Umweltfragen stellen sich
immer nur global
keine Lösung ist nur national

es gibt unabänderliche Situationen
da interessiert sich keine Maus
für den berühmten Faden

safe in deine Zukunft
bedeutungsschwangere Werbung
ist das wirklich die sichere Seite

ein schweres Erbe
die noch jungen Generationen
sollen jetzt die Welt retten

für einen guten Neuanfang
braucht es auch
ein ebenso gutes Ende

ich finde manche Dinge nur
wenn ich auch weiß
dass ich nach ihnen suche

ist jeder kreative Prozess
zwangläufig auch immer
im Ergebnis Kunst

sogenannte Berater
utopische Honorare
fragwürdige Dienstleistungen

wo ist der Sinn
für die Kostbarkeit
des Lebens hin

einmal mitlaufen reicht nicht
Rechtsextremismus erfordert
ein längerfristiges Engagement

es ist schwer
mit der richtigen Perspektive
subjektiver Klischeebaukasten

ist es egal oder sollte man
vorher aufräumen
bevor die Putzfrau kommt

die hellen Orte
muss man suchen
die dunklen sind immer da

verrückt werden
an zu viel Schönheit
der Verstand ist aufgelöst

Autobesitz nimmt zu
Autonutzung nimmt ab
was für ein Blödsinn

Einzelinteressen
sind der falsche Weg für eine freie
miteinander arbeitende Gesellschaft

ich bin ohne Ort
ohne Beziehung zu irgendwem
Weglassen von Einzelheiten

der politische Talk im Fernsehen
stundenlanges Gequatsche
sich selbstdarstellende Teilnehmer

ein ganz besonderes Gefühl
die Melancholie
der unspezifische Schmerz

Vergangenheit lebt auf
durch Wiedergänger
neue Wirklichkeiten

mit Spaß und Witz
gegen falsche Gedanken
und aufkommende Zweifel

wenn der normale Umgang
mit dem eigenen Körper aufhört
und die Eitelkeit anfängt

die persönliche Veränderung
ist die Mode
des eigenen Lebens

eine Altersobergrenze für Politiker
betreutes Wohnen ist kein Vorbild
kein betreutes Regieren

nicht nur blind anderen vertrauen
die eigene Meinung bilden
eine Grundvoraussetzung

eine Gehaltszufriedenheit
gibt es das wirklich oder kann es
doch immer auch etwas mehr sein

höher weiter schneller
müssen wir da in
Zukunft nicht etwas ändern

sinnlose Operation
Wahn durch Schönheitsideale
Gefahren der sozialen Medien

endlose Blicke
weiter Horizont
find dich nicht mehr

goldene Jahre
ewiger Traum
verblassen in der Zukunft

dünne Luft
in schwindelnder Höhe
große Angst vorm Absturz

macht es einer
machen es alle
unbekümmerter Herdentrieb

völlige Hingabe und Intensität
Leidenschaft und Melancholie
enttäuschte Liebe mit viel Schmerz

lachende Umarmungen
mit knisternden Spannungen
am vertrauten Lieblingsort

all die Mitläufer
ohne eigenen Antrieb
keine eigenen Überlegungen

unerschütterlich regiert
aus christlich sozialer Hand
ein Jodeldijö auf den Süden

vorne reich und hinten arm
vorne moderne Häuserfronten
hinten marode Hinterhöfe

die geheimen Zahlen auf jedem Los
für Nervenkitzel und Spannung
magische Faszination

in scheinbarer Trauer
sofortiger Erbschaftsstreit
Krieg der Hinterbliebenen

die andere Welt
ungestillte Sehnsucht
des Seemanns große Plage

eintretende Selbstzweifel
die Beliebtheit ist Vergangenheit
neue Verbündete suchen

Bilder entstehen
faszinierende Eindrücke
mit allen Lebensfacetten versehen

schnelles Urteil
Brustton der Überzeugung
keine Chance für manche Menschen

stets im neusten Trend
egal ob man sich ruiniert
auffallen um jeden Preis

unaufhörliches Herzklopfen
die Adern brennen heiß
deine Anwesenheit treibt den Puls

atemlose Liebe
innige Körper festverschnürt
kein Loslassen in Sicht

tief in der Polstergarnitur
die Füße in Hauspantoffeln
abgestellt auf beiger Auslegware

gegenseitige Entdeckungen
sich zusammen kennenlernen
spannende aufregende Vielfalt

keine Angst vor der Wahrheit
ob positiv oder negativ
wir müssen uns vertrauen

in verborgenen Ecken
längst vergessene Schätze
Zeitdokumente aus einem früherem Leben

Augenblicke
Spiel von Licht und Schatten
mehr als nur schwarz-weiß

in seinem Himmelreich
entscheidet nur der Mensch alleine
es lauert die egozentrische Gefahr

nur Kraft für kurze Momente
Endlosigkeit ist trügerisch
Tapferkeit wird nicht belohnt

immer wichtige Zusammentreffen
lästige Diskussionen
bei fehlender Inspiration

Grün für Wachstum in der Natur
für ein neues Menschenleben
unsere Hoffnung und Zuversicht

Rot für Hölle, Blut und Wut
für Erregung und Leidenschaft
als Liebesfarbe

hat der Überlegene Recht
oder der einfach nur Lebende
hat ein jeder gleiches Recht

die Stille auf dem Berg
kann völlig frei denken
alles scheint zu stimmen

Phantasie
die Umsetzung individueller Bilder
freie Darstellung der Gedanken

gegen den Strom
unerwartet viele Hindernisse
etwas für einen guten Schwimmer

der politische Rechtsruck wächst
aus der Vergangenheit nichts gelernt
Annahme eines falschen Erbes

brausender Gedankensturm
Unordnung überall im Kopf
auf der Suche nach Befreiung

Stress und ewige Hektik
des Alltags schwerer Gang
unser Lebensziel

fehlende Butter auf dem Brot
kann so manchen aufregen
lernen Dinge besser einzuschätzen

Obst fliegt um die Welt
die Jahreszeiten zu Hause
mehr braucht man nicht

wortreiche Forderungen
haben oft einen guten Klang
lösen aber selten das Problem

der Vergangenheit
Erinnerung schenken
den Widersprüchen entgegentreten

nur aus der menschlichen Natur
aus der aufrichtigen
wächst ein wahres Mitgefühl

es ist immer öfter falsch
nur das eigene Leben zu sehen
es geht um unser aller Leben

wie entsteht die irre Idee
beim Scheitern normaler Parteien
rechtsradikal zu wählen

wenn alle nur wollen
dann geht es auch
egal was es ist

erfolgreicher zusammenarbeiten
ein Geheimnis dafür
kleinere intensivere Gruppen

Homeoffice
genial oder ermüdende Ergebnisse
Präsenzoffice in der Sache effektiver

durch äußere Dinge
entsteht kein richtiges Gefühl
Wohlbefinden kommt nur von innen

Sein oder Nichtsein
eine Frage für jede Generation
es fehlt die klärende Antwort

Versprechungen
oder schon fertige Lösungen
Hinterfragen hilft bestimmt

für einen guten Tag
braucht man einen guten Morgen
der Abend ist zweitrangig

man kann überall untergehen
auch in Systemen
die man vermeintlich gut kennt

bei den Menschen
nicht auf die Defizite schauen
das Können fördern

jetzt werden auch sie gesegnet
Homosexualität es bleibt
eine kirchliche Mogelpackung

die wiederkehrenden Blender
Gier Geld und Macht
inhaltslose wertlose Show

zum Beispiel Hochwasser
immer das gleiche Lamentieren
wann wird endlich daraus gelernt

simultan
die Macht eines Dolmetschers
brisante Normalität

gibt es eine andere Möglichkeit
als permanentes Aufrüsten
wenn man den Frieden schützen will

für jeden etwas anderes
das ganz persönliche
verlorene Paradies

was hat ein Pudel
mit Kernfragen zu tun
ist er wirklich so schlau

warum gehen sie immer viel zu früh
die wirklich Guten
und nicht erst alle Deppen

Doppelbelichtung
kann helfen denn oft
ist noch was hinter der Fassade

lohnt der Gedanke
über die Dinge
zwischen Mythos und Klischee

stehe auf wackelndem
Untergrund
wie kann ich mich halten

Hingabe und Intensität
Leidenschaft und Melancholie
Lebensgefühl und Tango

Weißwurst Brezn Weißbier
nur innerhalb des Horizonts
auf Helgoland undenkbar

in nur sechs Minuten
ist der Alkohol im Hirn
da hilft nur Rollmops

garantierte Gesundheit
stellen Sie bitte keine Fragen
zu Risiken und Nebenwirkungen

Mainstreamschwimmer
Verbreiter von Dingen
ohne vorhandene Intelligenz

persönlicher Glanz
provoziert die Mitmenschen
Neid ist grenzenlos

wie sieht eigentlich
das eigene Leben aus
als Utopist

können nur Genies
das System sprengen
und wenn ja warum

Körper Seele Geist
Gleichberechtigung
alle im selben Raum

bis manche Dinge
endlich mal erledigt sind
erscheinen sie oft als nicht lösbar

die Wünsche des anderen
über die eigenen stellen
gemeinsam durch alles

die Toten sind erst dann tot
wenn wirklich niemand mehr
sich an sie erinnert oder an sie denkt

wenn es die Möglichkeit gibt
dass etwas schief gehen kann
dann geht es auch schief

ist es möglich
sich mit der eigenen Krankheit
irgendwie anzufreunden

am Ende hilft nur noch Surrealismus
Durchbruch und neue Erkenntnisse
gegen alle traditionellen Normen

ist es möglich sich mit
Alzheimer anzustecken und
hilft da auch die Maske

seelische Gesundheit
nicht erreichbar
durch Komplettaufgabe

so leicht kommt man nicht zur Ruhe
jetzt soll man auch noch
seinen digitalen Nachlass regeln

Heiterkeit ins Leben bringen
ein guter Vorsatz
sonst ist es einfach zu ernst

was es auch immer ist
irgendwer meckert immer
also was solls

warum schaut mich jemand an
positiv oder negativ
was denkt die Person über mich

die Strategie der Transparenz
offene Mitteilungen
der Schein schützt das Wichtige

Kosenamen
besondere Wertschätzung
oder ein besonderer Blödsinn

einfach alles übertrieben
enttäuschte Liebe durch
überzogene zu frühe Bekenntnisse

in jeder Wahrheit
steckt auch immer
eine kleine Lüge

wenn man einen Anlass braucht
stimmt etwas nicht
Valentinstag

der beste Freund des Menschen
soll der Hund sein aber
was ist mit dem Goldfisch

was man eigentlich vererben würde
selber auf den Kopf zu hauen
ist ein großes Vergnügen

mit dem Internet aufwachsen
ist das eine und sich mit ihm
auskennen das andere

Hass und Hetze im Netz
Registrierung mit Passkopie
das könnte sehr schnell helfen

kein Durchhaltevermögen kein Biss
schon zum Scheitern verurteilt
bevor es richtig losgeht

das Prinzip der
materiellen Wahrheit
der Inhalt ist entscheidend

die Verschwendung stoppen
die Erde erstickt in unserem Müll
Wiederverwendung hilft

vor dem Planen
steht der Wille für etwas
sonst macht es keinen Sinn

Bürokratieverwirrungen
unsinnige Vorgaben und Regularien
abspecken kann gut tun

Kritik ist nur gut wenn
alternative Vorschläge folgen
ein konzeptloses Nein bringt wenig

vor allem gegen die Dummheit
sollte man immer mit allen
und jedem im Gespräch bleiben

man muss nicht einer Meinung sein
aber man muss darüber reden
respektvolles Streiten führt zum Ziel

verschiedene Lösungswege finden
aber keiner führt zum Ziel
ist das ein Komplettversagen

eine knifflige Sache
unantastbare Verbraucherverhalten
zukunftsorientiert zu verändern

bedrohlicher Zustand
mit Zetteln helfen
vor der Angst des Vergessens

gefährliches Eis
stille Tiefe
halt mich auf ewig fest

unterdrückte Realität
verwirrende Bilder
unbekannte Gegend altbekannt

ungeduldige Sehnsucht
schöne Tage
in ferner Zukunft

ewiger Sturm
falsche Gefährten
den richtigen Weg verloren

unausgesprochene Gedanken
mündlich nicht gelungen
schriftlich auf Papier gebannt

unterm Strich
am Ende falsch investiert
in wertvolle Lebenstage

ohne wärmendes Feuer
in kalten Räumen der Seele
keine Zufluchtsorte für andere

Kommunikation
zwischen Generationen
oft nur ein lästiges Übel

einer läuft vorne
einer dahinter
man wird nicht Letzter

Glück und Macht
verstehen sich nicht
werden kein Liebespaar

Errungenschaft des Lebens
Altersweisheit
Vorteil oder Qual

ungeduldiges Warten
endlich erwachsen sein
unbedingtes Dabeiseinwollen

unverschuldet mittellos
soziale Kompetenz untersagt
sozialverträgliches Ableben erlaubt

alles Versäumte nachholen
irre Rentnerträume
überall nur Wehwehchen

vom Alter unbeachtet
Wechsel der Betrachtungsweise
wie die Fahne im Wind

Berufslemminge
am Morgen und am Abend
kollektive Massenwanderungen

Gedanken außer Rand und Band
halte dich auf ewig fest
Quelle meiner Energie

Illusionen der letzten Jahre
falscher Zauber
einseitige Liebe

als eigene Identifikation
aber wo
auf der Suche nach Heimat

mit lautem Knall
bunte Sterne am Nachthimmel
vereint mit denen in weiter Ferne

plötzlich stehst du da
wie ein Geschenk des Himmels
berauschende Liebesgöttin

Tag und Nacht
Woche, Monat und Jahr
bin immer für dich da

was für ein trauriger Akt
zwei Herzen im Dreivierteltakt
der Gleichklang ist längst verloren

Erinnerungen
tausend stumme Worte
als Zeitzeugen in unseren Köpfen

schwerer Seegang im ganzen Körper
stockender Atem
gefrierendes Blut in den Adern

nicht schmeichelhafte Antworten
sofortiges dauerhaftes Beleidigtsein
den Grund schon längst vergessen

der Fisch stinkt immer vom Kopf
der Ober sticht den Unter
das Leben ist ein Kartenspiel

der Geruch des Lebens
mit der Zeit verblasst der Duft
Fragen häufen sich

im Spiegelbild nichts bemerkt
die Augen sind immer mitgegangen
andere reden nicht über das Alter

ein Déjà-vu der Wirklichkeiten
vergängliche Orte bleiben wach
auf Lebenszeit archiviert

das eigene innere Modell
Ordnung und Struktur
für ein richtiges Verhalten

mit anderen Pferdestärken
dem Pferd zur Rast verholfen
von A nach B in Windeseile

Natur Mensch und Tier
leuchtend strahlender Erdenmond
alle sind abhängig von dir

mitgehörte Gespräche
einfach ungefragt mal einmischen
des Bauchredners Chance

fremde Gedankenwelten
clever nutzen
immer einen Schritt voraus

Zeiten ändern sich
und damit verbundene Pläne
Bereitschaften sinken

ab und zu mehr Kraft
so stark wie der Wind
der treibt des Meeres riesige Wellen

falsche Tatsachen
verschwendete Energie
nicht erreichbare Ziele

Lebenserfahrung
und das Ergebnis von Reife
Grundlage für einfache Handlungen

das Talent
hat oftmals freiere Gedanken
oder bessere Lösungen

Frühjahrsmüdigkeit Sommerfrische
Herbsttristesse Winterfreuden
machen Jahreszeiten glücklich

vom Himmel in der Ferne
fällt die Sonne
ein letzter Gruß in die Nacht

in die Freiheit
durch die Tür
das ist ein großer Schritt

will man was erreichen
muss man investieren
das ist keine Frage des Geldes

androgyner Wandel
geschlechterspezifische Ideen
helfen nicht grundsätzlich weiter

des Schimmels herber Duft
durchdringt die Flure
die Zeit vergeht in grauen Ämtern

wer bemerkt heute noch
wenn Nachbarn verschwinden
alle in ihrem eigenen Kosmos

was bedeutet Freiheit
mitten in der Gesellschaft
ist der Mensch jemals richtig frei

Kinder der Zeit
Krieger der Zukunft
verantwortungslose Machtinhaber

der Glanz der Vergangenheit
ist vergangener Reichtum
der Niedergang der Gegenwart

Sensibilität schaffen
den Sinn für Gerechtigkeit stärken
Perspektiven erkennen

viele Slogans
geben Grund zum Diskutieren
oft ein Reden gegen die Wand

die Wirklichkeit
ist nicht immer wirklich
oft nur Auslegungssache

es kommt nichts mehr in Gang
Fortschritt verhindert
durch eingefrorene Denkpausen

das Unerwartete
ist immer das Schlimmste
egal wann und wo

am Ende einer langen Nacht
ein langer Tag
vor einer langen Nacht

man hat sich geeinigt
aber was tun
jeder versteht darunter was anderes

Unabhängigkeit zählt
egal was kommt
Lob oder Kritik

Nostalgiker von morgen
harte Arbeiter
in der Gegenwart von heute

durch große Aufmerksamkeit
mit ernster Neugier
sich neuen Gegenständen nähern

der Spaß muss elegant
ernst und feinsinnig sein
im Glanz erscheinen

wie macht man das
dem Glück
auf die Sprünge helfen

wo sitzt man besser
zusammen in einem Boot
oder an einem runden Tisch

wie ist die Lage
wenn der König betteln muss
hilft da jemand

die Kirche
das sinkende Schiff
Untergang oder Reformen oder

Zwangsarbeit
der erste Kuss
beim Flaschendrehen

der Ameisenblick auf die Welt
eine Richtung hilft nicht weiter
wir brauchen den globalen Blick

ein falsch eingeschätztes Verhalten
dichter Nebel vor einer Wand
birgt gefährliche Risiken

man braucht den Misserfolg
zum richtigen Nachdenken
das hilft ungemein

die ständige Frage
sich wiederholend bei jeder Wahl
linksherum oder rechtsherum

Pläne aus der Vergangenheit
oftmals effektiver als
moderne Überforderung

keine Zeitenwende
eine Wende unter der Lupe
digitalisierter Zeitraffer

man muss nicht alles übernehmen
Thanksgiving
amerikanische Komavöllerei

unsere Lieblingsknolle
ohne Kartoffel
ist vieles nicht denkbar

immer Alles
zu jeder Jahreszeit
warum Erdbeeren im November

immer wieder diese Zahl
Triskaidekaphobie
Aberglaube oder Einbildung

weise Entscheidungen
unaufgeregt und leise
ein für alle positives Schlichten

das große Schummeln
Kontaktanzeigen
wer kann es besser

vorgealtert
unterschiedliche Abnutzung
das biologische Alter zählt

ein Ergebnis
für beide Seiten schwierig
ist kein Ergebnis

Verzicht üben
oder das Spiel machen
Ausgewogenheit als Alternative

Propaganda
soll immer alle benebeln
wachsam bleiben

wann ist das Spiel aus
nach dem Abpfiff oder
kann man es auch selber beenden

im Leben wie an Gebäuden
gefährlich ist immer
das schleichende Bröckeln

merke ich es
wenn ich mein Glück
schon aufgebraucht habe

Er und Sie ein Arbeitsplatz
schwierig bei Entscheidungen
nur mit oder über Dritte

die ganze Welt umarmen
die Begeisterung muss hinaus
oder reicht das stille Kämmerlein

Pazifismus
mit der Waffe der Mediation
das klappt in den wenigsten Fällen

jeder liest von einem Menschen
mit einem anderen Bild
welche Variante stimmt

keine Erholung der Gedanken
kein Freiraum mehr
die Oberflächlichkeit regiert

man muss über Traurigkeit reden
dann nimmt man ihr
die Einsamkeit

Prosit
lass es gelingen
egal was es ist

das Glück
soll sich verdoppeln
wenn man es teilt

Lebensfreude
Lebenstrauer
der Lauf der Dinge

ist man mit Prinzipien
ein Sturkopf oder
weiß man nur wie es wirklich geht

manche Beziehungen
unterliegen einem permanenten
Dauerschleifendrama

einfach nur machen
etwas Gutes tun
ohne laut darüber zu reden

wenn man Gerüchte säen will
immer nur die Hälfte
der Wahrheit preisgeben

Hoffnung steht
in enger Beziehung
mit Verzweiflung

wann kommt sie endlich
UPS oder DHL
die Sendung mit der Maus

Optimismus
und Zufriedenheit
spielen gut zusammen

neue Gefahren
Drohnen
sie können viel verändern

man lädt auch oft das
Ungebetene ein wenn man
bereit ist sich zu öffnen

von zu Hause aus arbeiten
Onlineshopping
Fastfood

unverhofft kommt oft
ist das gut
oder eine Bedrohung

kann man mit Bewährtem
die Zukunft meistern
das ist doch konservativ

macht Geld glücklich
nein dafür braucht es andere Dinge
Geld sichert nur ab

die die schweigen
stimmen zu
die Meinung sagen

für Veränderungen sind wir müde
schon bevor sie stattfinden
die Gegenwart soll auch so bleiben

sind Dauersubventionen schlau
alle Karten auf die anderen setzen
Gefahr für die Eigenverantwortung

intakte Ökosysteme
durch Renaturierung
Wiederherstellung als Naturschutz

das Leben als Hobby
zu jeder Zeit
ein spannendes Erlebnis

nach Fasching die Fastenzeit
kein Fleisch und so
aber endlich wieder Starkbier

nicht vergessen
jeder Tag ist
im Leben einzigartig

egal wo man ist
in uns selber
entsteht die Einsamkeit

wenn nicht die Gesundheit wäre
das Alter hat
schon auch seine Vorteile

der Rückwärtsgang
mit Intelligenz nichts zu tun
immun gegen Wissen

ein neues Gefühl
Klimaangst
negative Zukunftsvorstellungen

gemeinsam am Verhandlungstisch
besser als ständiger Streik
oder nur Bettelei

das persönliche Umfeld
ist wichtiger
als das viele Geld

selber Blumen kaufen
Kleinigkeiten
für eine zufriedene Seele

Krösus ja
im Denken
und im Miteinander

wandernde Dünen
festgemerkte Punkte
auf ewig verloren

kranker Geist
in Einsamkeit
zerbrochen an langer Lebenszeit

der Dunkelheit
fehlendes Licht
gefrierende Worte des Herzens

kleine Schätze
im Verborgenen
großer Wert aus alter Zeit

winterliche Depression
ein Ende durch mehr Licht
nach langer finsterer Zeit

Suche nach dir
Tag und Nacht
die Verzweiflung pur

sehr weit weg
trotzdem ganz nah
wir spüren uns immer

Autobahn
schnelle Fahrt übers Land
Natur ohne Freude

nach langer Nacht
noch kein klarer Blick
alles träge und schwerfällig

völlig wirre Dinge
ohne jeglichen Zusammenhang
der Kopf läuft über

alles in Frage stellen
Philosoph und Passion
oft um viele Ecken

im eigenen Rückblick
oftmals falsch investiert
in wertvolle Lebenstage

alles wichtige vergessen
Gedankenzettel
aufgeschriebene Unterstützung

bevorstehende Aufgaben
fehlende Gelassenheit
schlaflose Nächte

fragende wortlose Gedanken
Mutlosigkeit
starre Blicke in den leeren Raum

im Himmel meiner Seele
fliegt ein Engel
wie hast du mich erreicht

ewig gleiche Töne
Wellen treten ans Ufer
beruhigender Klang

die Augen verraten
wie es um die Dinge steht
da hilft kein verstecken

Bücherwurm Dukatenesel
Planierraupe Quietscheente
Fauna war völlig ahnungslos

Mensch sein und Mensch bleiben
warum sollen wir uns verdrehen
wir sind wie wir sind

die Finesse des Weines
ein Hoch auf Bacchus
glorreiches Terrain für die Reben

einzigartig ist das Leben
und für ein jeden endlos
egal wie lange es dauert

den kostbaren Gedanken
immer am Leben erhalten
überflüssige Worte löschen

sich Zeit schenken
frei von allen äußeren Einflüssen
Erholung der Seele

Lügen
werden zu Wahrheiten
wenn man sie richtig lebt

sich immer sicher sein
immer laut vorne weg
wenig Zeit zur Reflexion

der Liebe seltsames Spiel
wache einsame Nächte
Momente der vielen Zweifel

ständige Erreichbarkeit
immer alles für den Job
da läuft einiges schief

Herbstfarben
ein ganz besonderes Licht
Stimmungen einer Jahreszeit

das leere Blatt Papier
kein Gedankenfluss
absolute Stille

tausend Leute
tausend unterschiedliche Gedanken
ein Thema

Kaffee oder Tee
Bier oder Wein
Fleisch oder Fisch

den glitzernden Morgentau
frisch eingeatmet
hoffnungsvolles Grün im Auge

viel Geld macht glücklich
weniger bringt das Glück
der Standpunkt ist entscheidend

Endstation Sehnsucht
Tennessee Williams New Orleans
oder die eigene Station

falsche Neun
bleibende Sechs
Straßenfußballmentalität hilft

jeder Krieg ist neben
der menschlichen Katastrophe
auch eine der Umwelt

die Angst
gehört zur Zuversicht
darf nur nicht siegen

der Stein des Anstoßes
ein Kiesel oder Felsbrocken
immer im Auge des Betrachters

das helle Licht des Tages
verliert sich in dunkler Nacht
könnte es auch so bleiben

Vernunft
gegen ungezügelte KI-Euphorie
den Überblick behalten

vor den Nazis geflohen
nach Jahrzehnten zurück
wir müssen allen die Hände reichen

weniger arbeiten mehr verdienen
Kopfschütteln bei
sozial Benachteiligten

Notwendigkeit
die Musik im Leben
oder eher nur Luxus

große Unternehmensgewinne
Zeit zu investieren
aber es verschwindet zu viel Geld

es ist auch eine Alternativlosigkeit
für absolute Dummköpfe
Protestwahl geht anders

Balkon
begrünter Freiraum oder
zugebautes Balkonkraftwerk

Inklusion
ihre Wichtigkeit
stets sofort sicherstellen

die Umwelt unbedingt schützen
warum dann
auch noch Tiefseebergbau

gibt es eine einheitliche Grundlage
für das menschliche Wertesystem
jeder ist doch seine eigene Persönlichkeit

wenn die Politik
sich nichts vorstellen kann
schauen die Ergebnisse schlecht aus

steif und starr
keine Variabilität
Schulden muss man anders bremsen

Micky Maus
erloschenes Urheberrecht
so richtig hilft das auch nicht weiter

das Eis der Bäche
der Schnee im Tal
die Sonne schafft wieder Ordnung

Eiswein
ein gewisses Risiko
frostloses Scheitern

um was dreht es sich eigentlich beim Roulette
ums Kassieren ums Gewinnen
oder um den reinen Nervenkitzel

nicht ewig blüht
was blühen müsste
unverschämte Forderungen

Angst vor Pleiten
Importe kontrollieren
den eignen Markt besser schützen

endlos ins Universum
hineinträumen
ferne immer bleibende Ziele

Winterblues
warum eigentlich
alle Jahreszeiten haben ihren Reiz

frustige Wahlentscheidungen
Regierungsantritt
und das Dilemma ist da

Fortschritt
wird dann immer alles besser
Wandeldefizite

das Geniale
hat nichts mit Herkunft
oder sogar Geschlecht zu tun

nicht endlos reden
Erfolg gelingt
wenn man einfach macht

Verzicht
steigert die Lust
aufs nächste Mal

im Sinne des Geistes
eingebildet gebildet
oder verbildet

verwehte Gedanken
leerer Raum
allein mit meinem Schatten

des Kopfes
verwirrte Geister
rauben einem den Verstand

nachlassende Liebe
falsches Miteinander
über zu viele Jahre

Liebende
nachts wild
tagsüber oft blind

jeder einzelne Tag
wird begleitet
von tausenden Posen

Architekturwunder
urbanes Leben
eingetütet in vierzig Stockwerken

Liebestrank
verführerische Blicke
kein Halt mehr unter den Füßen

heißer Körper
alarmschlagendes Herz
von süßem Liebessturm umweht

auch in der größten Not
als Freund
immer der richtige Halt

helle Krähentöne
überspannen brache Felder
nebliges Licht in dunklen Wäldern

herabfallende Blätter
deuten ein Ende an
wann falle ich leise wie ein Blatt

viele verrückte Anlagen
schlummern in den Menschen
die Zeit bestimmt ihre Entfaltung

alternative Hilfsprojekte
Selbstbesteuerung
der motivierte Steuerzahler

Lotto
nicht nur Glücksspiel
auch ein Spiel des Lebens

sein größtes Projekt
ist man immer selber
es ist auch das schwierigste

wo kommt eigentlich das Lichtlein her
wenn man denkt
jetzt geht nichts mehr

Gedanken sind
immer der Ursprung
all unserer Ergebnisse

alles hat seine Nebenwirkungen
ob positiv oder negativ
liegt im Auge des Betrachters

unwiderruflich ist das Schwarz
löscht das Licht in unserem Leben
für das Ende und den Tod

Negative von zwei Menschen
verlorene Körper
miteinander einsam verlassen leer

Fehlersuche an falschen Orten
ohne Hoffnung
auf bessere Zeiten

für alle Fehler
die wir machen können
ist das Leben viel zu kurz

die Zeit zusammen
ist das schönste Geschenk
das man sich machen kann

das persönliche Portfolio
sollte Werte enthalten
die uns wirklich etwas bedeuten

an alle die leben
sie sollten damit rechnen
dass sie auch sterben

spürst du es
nur für dich lebe ich
weißt du das

das eigene Leben meistern
ist nicht einfach wenn
so viele andere dabei mitreden

gemeinsame Zeit
entgegengebrachte Sympathie
Wurzeln einer guten Freundschaft

des Spiegels
versilberte Wand
kann nicht nach innen blicken

die Intelligenz
immer von Zweifeln geplagt
Selbstsicherheit mit den Dummen

etwas nicht Greifbares
die Zukunft
für niemanden auf dieser Welt

Gestern
ist ein fremdes Land
dahin gibt es keinen Weg zurück

wenn die Zeit weniger wird
stellen wir fest
dass der Wert des Lebens steigt

Eigene Gedanken oder Notizen zu den einzelnen Dreizeilern

Eigene Gedanken oder Notizen zu den einzelnen Dreizeilern

CAVANASTUDIO – Sprachkunst / Bücher